AF371143

RÉLATION

DU DOCTEUR

RIBAUDIER,

CONFESSEUR

De très-haute, très-excellente & très-puissante
Princesse Son Altesse Sérénissime Madame

LA COMPAGNIE DES INDES.

A L'ORIENT, 1769.

De l'Imprimerie de la Princesse.

RÉLATION

DU DOCTEUR

RIBAUDIER,

CONFESSEUR

De très-haute, très-excellente & très-puissante

Princesse Son Altesse Sérénissime Madame

LA COMPAGNIE DES INDES.

SON ALTESSE étant à l'extrêmité, & le compte lû par son Lecteur ordinaire M. DE BRUNI, le 5 Avril 1769, aux Actionnaires, ses fideles Sujets, leur paraissant le dernier butin de la Princesse: les menus plaisirs de S. A., qui ne font pas si menus, mais qui président à sa Cour, ainsi qu'à celle des autres Souverains aux cérémonies facrées & aux fêtes profanes, s'emprefferent d'annoncer LA POMPE FUNÈBRE de la Princeffe, afin d'unir à l'idée de la perte qu'on allait faire, celle des honneurs que fa cendre devait recevoir : mais comme on voyoit mourir S. A. dans une terre étrangère, qu'elle avoit été détrônée par les Anglais, qui l'appelloient *la Prétendante* ; fa mort laiffoit peut-être encore plus d'inquiétude à fes Créanciers, que de regrets à fon Peuple : dès qu'on crut qu'elle n'étoit plus, on chercha fes tréfors ; on ne trouva que des papiers, & M. MORY, fon Caiffier, nous affura qu'on n'auroit pas de quoi l'enterrer, fi on n'empruntoit pas fur la Vente du renouvellement de la Garderobe de la Princeffe, qu'elle faifoit venir tous les ans des Indes ; avant qu'on eût raffemblé les Fripiers de S. A. il fallut heureufement du temps, on offrit même vainement aux Chirurgiens quelques vieux fachets pour l'embaumer, ils les refuferent, parce qu'on n'avait pas de quoi payer les parfums, confacrés à cet ufage. On verra que la Providence empêcha qu'on affaffinât chirurgicalement la Princeffe : fes plaifirs ne voulurent feulement pas la

couvrir d'un drap funebre & la Providence empêcha ſes plaiſirs de l'étouffer,
car elle n'était qu'en létargie , & c'eſt
une des plus grandes vérités de la méde-
cine , qu'on meurt dans cet état , lorſ-
qu'on eſt étouffé.

J'étois à pſalmodier près du lit de la
Princeſſe, lorſque tout à coup je crus
m'appercevoir qu'elle faiſait quelque
mouvement ; mais comme j'ai l'eſprit fort,
je penſai que ce pouvoit être une *Viſion*
& je fis le ſigne de la Croix, qui eſt ex-
cellent dans ce cas ; cependant, en fixant
malgré moi les yeux de la Princeſſe, l'i-
dée de la mort qui n'avoit étendu ſur
elle que le paiſible caractere d'un aſſou-
piſſement profond , livrant mon eſprit à
cette douce & fauſſe analogie , je portai
involontairement la main ſur ſon cœur ;
je crus le ſentir palpiter ; une chaleur
ſuave paſſa ſubitement dans le mien, &
le fit treſſaillir ; mais je crus que c'était
le diable qu'on nomme *le démon de la chair* ,
qui voulat tourmenter la mienne, &
j'allais prendre de l'Eau bénite , lorſ-
qu'ayant vu S. A. s'agiter fortement, je
tombai de frayeur ſans connaiſſance ; j'i-
gnore combien dura mon évanouiſſement ;
mais dans le premier moment, où je re-

trouvai mes fens, bientôt après j'en crus perdre encore l'ufage ; c'étoit la Princeffe en fureur de me voir étendu fur fon lit qui me donnait tant de coups fur la tête, tant de foufflets pour me tirer du fommeil auquel elle me croyait fi indécemment livré, qu'elle penfa me replonger dans celui de la mort ; je ne me doutais pas que S. A. eut autant de pudeur, ni autant de force. L'éclairciffement que nous eûmes lui donna le tranfport ; mais dans plufieurs intervalles elle eût le temps de faire fon teftament, qu'on verra peut-être un jour ; & j'eus celui d'entendre l'efpece de prophétie que j'ai recueillie de fa bouche. Les événemens juftifieront fi je tranfmets feulement un Rêve, ou bien une prophétie ; car bien que je croie aux Prophétes, je ne crois cependant en être un.

Vifion ou Prophétie de la Princeffe.

L'Amour qu'a pour moi mon Apothicaire NECKER, qui gagne fi peu fur les mémoires qu'il me fournit, le fera travailler à compofer une drogue qui méritera la gloire d'être appellée *Thériaque des Indes*. Il y aura de tout ; il me

considérera sous cinq points de vue différens, le premier telle que je suis ; le
deuxieme avec quelques changémens ,
mais en conservant toujours le droit ex-
clusif de vendre mes nipes en France ; le
troisieme en renonçant à ce droit ; le quatrieme en changeant mon coffre fort en
Caisse d'Escompte; le cinquieme ma *liquidation* pure & simple.

On assemblera *toutes mes Facultés* pour
déliberersur mon sort, chacun étant assis au-
tour du Tapis verd de la table du Con-
seil, mon Lecteur B R U N I ranimera
l'espérance de mes Serviteurs, en leur
apprenant qu'au lieu de me croire sans
ressources, mon Apothicaire NECKER ,
convient que j'ai mauvais visage ; mais
que les convulsions que j'éprouve ne
viennent que de *plétore* ou de plénitude ;
qu'on pourroit me saigner , & m'évacuer
dans toutes les regles de l'art , sans me
jetter dans l'état mortel qu'on appelle
Banqueroute ; mais qu'il a composé des
gouttes spiritueuses qui peuvent, felon
lui, remplir toutes les indications. Alors
mon Apothicaire NECKER , ayant ex-
posé le systême de ma maladie, se résu-
mera en disant que mon estomac (c'est-
à-dire mon coffre) était sujet à des in-

digeſtions qui laiſſaient paſſer les alimens
ſans les changer en ſucs nourriciers , & ſera
entendre qu'il enviſage mon état , non
pas comme on l'auroit pu préſumer d'a-
près l'expoſé du Lecteur B R U N I , ſous
cinq manieres d'exiſter , mais ſous l'aſpect
d'une exiſtence folle , mais contrariée par
de légeres infirmités , & c'eſt mon état
actuel ; ſecondement ſous l'aſpect d'une
ſanté parfaite : enfin , ſous les trois manieres dont j'étais ménacée de mourir cependant.

Alors le Docteur M A R I O N fera
ſentir que la troiſieme conſidération *renon-
cée au privilege excluſif* indiqueroit pour
mon genre de mort la folie , l'appauvriſ-
ſement d'eſprit , & des eſprits.

Le Docteur B E H I C , que la quatrieme
changer le Coffre fort en caiſſe d'Eſcompte , ſe-
roit un tranſport d'humeur , une métaſtaſe
mortelle.

Le Docteur L E S S A R T , que la cinquieme *la Liquidation* étoit comparable à
une dyſſenterie , un devoyement abſolu-
ment incurable.

L'Apothicaire N E C K E R lira alors la
compoſition de ſa *Theriaque des Indes* , qui
conſiſte dans les moyens de me faire trou-
ver vingt millions dont j'ai beſoin , & ce

qui n'eſt pas trop pour me déſalterer ; mais il fallait les avoir pour m'en faire une potion , & où la prendre ? on venoit d'épuiſer l'hypotheque qu'il avait ſoutenu juſqu'alors : mon *Filleul* DESPREMÉNIL que j'ai baptiſé moi-même dans les Eaux du Gange avoit vainement parlé de la Foi, de l'Eſpérance & de la Charité ſans toucher les cœurs durs qu'il vouloit attendrir ſur mon ſort ; il avoit fait ſur-tout les efforts les plus dignes pour ſoulever contre un certain homme violemment ſoupçonné d'être l'auteur de ma POMPE FUNEBRE & de vouloir m'immoler à la liberté du commerce , tous ceux qui pour la gloire de la Patrie , ſans conſulter leurs intérêts, font leurs affaires avec moi en faiſant les miennes, & qui pour la proſpérité de *l'Orient* voudroient fermer tous les Ports de la France.

Toute l'aſſemblée ſera donc ſurpriſe de voir l'Apothicaire NECKER penſer qu'il connait une reſſource : la voici.

Il croît dans les rues une herbe qu'on nomme NOUETTE , elle pouſſe comme du chiendant ; cependant il n'eſt pas permis de l'arracher , mais auſſi la vend-on à bon marché; tout calcul fait, ceux qui l'ont ſémée y perdent 52 pour cent, c'eſt-à-di-

re, que ceux qui en achetent aujour-
d'hui, ont cet honnête Bénéfice. Que
projette mon Apothicaire! de m'en faire
prendre pour 60 millions pour en con-
vertir vingt en efpeces, & d'y parvenir
en demandant au Roi de France, mon
magnifique protecteur, puifqu'il me
donne déja une penfion de 800,000 l. fans
laquelle je ne pourrais pas vivre, de me
faire un contrat de foixante millions
& de former une Loterie du Rembour-
fement de quarante fournis en papier fur
l'extinction des rentes viageres dont j'ai
créé tant que je l'ai pu. Or, cette double
hypotheque devenant par cet honnête
tranfport, & l'honnête engagement de
l'extinction fur mes rentes viageres un
hypotheque certain, on peut fe flatter de
déterminer par là les gens fages à pré-
ferer cinq ou fix pour cent fur moi, à
l'efpérance vague d'en avoir plus; & fi
cet avantage ne paraît pas encore affez
fort pour attirer à ma caiffe les fpecta-
teurs de la Place, on efpere y parvenir
enfin, en leur préfentant l'efpoir confo-
lant des lots immenfes de la loterie faite
d'ailleurs de deux tiers d'effets contre
un tiers, ce qui eft bien important.

Ce projet paraîtra fi beau, qu'à peine

daignera-on écouter les autres, & on laifferait paffer en filence celui dans lequel l'Apothicaire NECKER parle légérement de frêter mes Vaiffeaux, fi mon ferviteur MORACIN ne forçait d'y prêter attention ; mais j'infpirerai pour la premiere fois à mon ami RISTAUT, qui eft felon mon cœur, le don de conftruire fes frafes, auffi bien qu'il conftruit mes Vaiffeaux : il conviendra d'abord avec M. MORACIN, que frêter feroit peut-être une différence de trois millions pour le peuple des Actionnaires; mais il fera fentir à l'Affemblée, qui fera forcée d'en convenir, que ce feroit avilir ma dignité, en dégradant la place importante qu'il occupe dans ma maifon ; qu'enfin, cette bagatelle de trois millions ruineroit mes établiffemens à *l'Orient*, & qu'il falloit fe facrifier dans une occafion auffi importante à la gloire de ma perfonne, qu'indifferente pour mes Adminiftrateurs.

Cette légere diftraction produite par la lecture des différens genres de maladies, qui pourroient me donner la mort, ne fervira qu'à augmenter l'admiration qu'on aura pour le moyen de me conferver la fanté; car on ne doutera pas de l'avis de mon *Apothicaire*, quoiqu'il

s'obftinera cependant toujours à ne pas
le dire ; auffi mon filleul DESPREMENIL
remarquera-t-il judicieufement , qu'on
eût fcandaleufement tort de le peindre
avec plufieurs projets dans une main, & ten-
dant l'autre à Mon Alteffe, fans qu'on pût
diftinguer s'il vouloit me foutenir ou me renver-
fer : on applaudira au jugement fain &
droit de mon filleul, & l'on demandera
avec tranfport une feconde lecture de la
premiere recette ; mais mon *Apothicaire*
fera accablé de louanges, leur encens lui
portera à la tête , & mon filleul fera cette
lecture , pendant laquelle chacun des
Adminiftrateurs anciens ou actuels (fi
l'on excepte deux ou trois traîtres) s'é-
panouiront. Les vifages prendront un air
de jubilation ; mon filleul s'interrompra
fouvent aux cris d'admiration que mon
Apothicaire leur arrachera.

On entendra d'abord le Docteur MA-
RION propofer de donner aux gouttes,
que mon Apothicaire NECKER nom-
mait fimplement *gouttes fpiritueufes ,* le nom
de *gouttes fpirituelles.* M. l'HERITIER
foutiendra qu'elles méritent celui de *mi-*
raculeufes , & l'*Apothicaire* fourira modef-
tement de cette ingénieufe conteftation.

DE RABEK fera de fa bouche un

fi beau cul de poule, que le coq de St. Pierre s'y tromperait.

RISTAUT fe croira tranfporté dans les chantiers de l'Orient, & Ste CATHERINE & MERY dans les magafins.

On verra fur le large front du Lecteur BRUNI, qu'il penfe ~~qu'il fera~~ que la lecture qu'il entend, a transformé la table du Confeil, devant laquelle il eft affis, en la table fplendide dont il fait pendant fix mois, & avec tant de grace les honneurs à *l'Orient* ; il ne regardera perfonne dans fa douce extafe, qu'il n'ait l'air d'être embaumé par l'odeur fucculente des plats qu'il croit devant lui, dont il paroîtra offrir aux affiftans, qu'il prendra pour fes convives.

Enfin, mon filleul DESPREMENIL entrera dans une fainte fureur contre l'auteur du PROSPECTUS, & la pouffera jufqu'à dire, que s'il eut foupçonné un Procureur au Châtelet d'en être l'auteur, il l'eut fait interdire fur le fimple foupçon, ce qu'entendra un Magiftrat refpectable ; il tanfera mon filleul, quoiqu'il ne veuille p s décourager un jeune écolier.

Mais que faire de ce projet ; c'eft un tréfor qui ne doit point fortir des mains

de mon *Apothicaire* ; comment le revêtir
alors de l'autorité des suffrages ? Il les
enlevera ; mais comment empêcher qu'il
devienne public, & il faut l'empêcher ;
s'il reste caché dans le sein de l'adminis-
tration, je dirai que mes ennemis m'ont
fait boire la ciguë, & mon *Apothicaire*
pourra dire qu'il avoit trouvé la pierre phi-
losophale.

Fin de la Vision de S. A.

Quelques instans après que la Princesse
eut prophetisé ce qu'on vient d'entendre,
elle poussa un grand soupir, & me dit : *ç'en
est fait, je sens que je languirai quelques jours, mais
je mourrai ; j'aurai du moins le temps de faire
mon testament & je prévois que mes sujets se-
ront heureux, s'est ce que leur souhaite.* Le
Docteur RIBAUDIER. *Au nom du
Pere, du Fils & du Saint Esprit.*